유학생을 위한
글쓰기와 말하기

강현주 강소영 임태운 김윤희 공하림 박일우 김신정 손경애 권문화

Writing and Speaking for International Students

박영사

서문

    이 책은 대학교에서 공부하는 외국인 유학생들의 말하기와 쓰기 능력을 향상하기 위해 집필했습니다. 외국인 유학생들이 한국에서 생활하고 학업을 수행하는 것은 새로운 도전과 경험이 가득한 특별한 여정입니다. 이 교재는 외국인 유학생들이 언어적 장벽을 넘어 한국에서 효과적으로 소통할 수 있는 도구를 갖추게 해 줄 것입니다.

    이 교재는 말하기와 쓰기 두 가지 언어 기술에 중점을 두어 구성되었습니다. 여러분은 강의실 안팎에서 친구들과의 대화 또는 토론과 발표를 통해 자신의 의견을 효과적으로 표현하는 방법을 배우게 될 것입니다. 또한 일상에서 학술적 글쓰기까지 대학 안에서 자신의 생각을 잘 전달할 수 있는 쓰기 기술을 연습할 수 있습니다.

    이 교재에서는 문법 규칙이나 어휘와 같은 언어 지식만을 학습하기보다 한국 사회에서 요구하는 담화 구성 능력을 키울 수 있을 것입니다. 특히 중급 이상 수준의 학습자들에게 필요한 설명하기, 논증하기 기능을 말하기와 쓰기를 통해 향상시킬 수 있도록 구성하였습니다. 1장과 2장에서는 글쓰기와 말하기를 잘하는 데 필요한 연습을, 3장과 4장에서는 설명하는 쓰기와 묘사하는 말하기를, 5장과 6장에서는 논증하기와 발표하기를 배치하였으며 마지막 장인 7장에서는 학술적 글쓰기에 필요한 형식과 내용을 구성하는 연습을 할 수 있도록 하였습니다. 이렇게 비슷한 기능을 나란히 구성한 것은 쓰기를 위해 모아놓은 자료들을 말하기에도 적용할 수 있도록 하여 학생들의 말하기와 쓰기 담화 구성의 부담을 덜어주기 위해서입니다.

    이 교재는 호남대를 비롯해 광주대, 광주여대, 남부대의 한국어교육 전공 교수님들이 참여한 첫 번째 결실입니다. 앞으로 더 많은 대학의 교수님들과 함께하여 좋은 결과물을 공유할 수 있도록 하겠습니다.

    이 책의 출판에 도움을 주신 호남대학교 교양대학장님이자 전국혁신사업단 단장님이신 송창수 교수님께 특별한 감사를 드립니다. 또한 광주대학교 기획처장님이자 대학혁신사업단장님이신 박경종 교수님과 교양교육원장 김정아 교수님, 광주여자대학교 혁신사업단의 단장님이신 윤현석 교수님, 교양기초교육원 원장 강혜진 교수님께 감사의 인사를 전합니다. 책의 기획부터 출판까지 애써주신 박부하 대리님과 예쁘게 책을 편집해 주신 소다인 선생님에게도 감사드립니다.

저자를 대표하여

강현주

목차

글쓰기의 기초

말하기의 기초

설명하기

묘사하기

발표하기

논증하기

학술적 글쓰기

글쓰기의 기초

글쓰기 습관 점검	네	아니요
1. 일상에서 생각나는 글쓰기 소재들을 메모한다.		
2. 짧은 글이라도 하루에 조금씩 쓴다.		
3. 글을 쓰기 전에 글의 개요를 미리 생각한다.		
4. 내 글을 읽을 사람들을 생각하면서 글을 쓴다.		
5. 자신의 경험을 바탕으로 글을 쓴다.		
6. 처음, 중간, 끝을 나누어 글을 쓴다.		
7. 글을 쓰고 나서 틀린 부분이 없는지 확인한다.		
8. 글을 다 쓴 후 다시 읽어 보고 이상한 부분은 고친다.		

1. 여러분은 어떤 글쓰기 습관을 가지고 있습니까?

2. 좋은 글을 쓰기 위한 요건은 무엇입니까?

학습 목표

1. 좋은 글을 쓰기 위한 요건을 이해하고 바른 문장을 쓸 수 있다.
2. 이메일, 문자 등 실용적인 글을 쓸 수 있다.

Part

좋은 글의 요건

글쓰기를 잘하려면?

    한국어로 글을 잘 쓰려면 어떻게 해야 할까? 우선 다양한 글을 읽는 것이 중요하다. 다른 사람이 쓴 글을 읽는 것을 통하여 글의 구조나 다양한 어휘 및 표현을 자연스럽게 익힐 수 있다. 그리고 매일 글을 쓰는 습관을 기르는 것도 중요하다. 긴 글이 아니더라도 짧은 글을 매일 쓴다면 글쓰는 것에 대한 두려움과 어색함이 줄어들 것이다.

    다음으로 좋은 글의 요건은 무엇일까? 좋은 글은 주제가 분명하고 처음, 중간, 끝이 있어야 한다. 또한 읽는 사람을 고려한 글이어야 하며 문법과 맞춤법이 정확해야 한다.

글을 잘 쓰기 위해서 생각해 볼 점

첫째, 글의 주제가 명확한가?

둘째, 읽는 사람은 누구인가?

셋째, 어떻게 글을 구성해야 하는가?

글을 잘 쓰려면?

'나의 가족'을 주제로 한 두 편의 글을 읽고 어떤 글이 좋은 글인지 생각해 보자. 그리고 그 이유에 대하여 설명해 보자.

㉮   우리 가족은 나하고 아버지하고 어머니하고 남동생이 있다. 남동생은 중국에서 대학교에 다닌다. 어머니는 공무원이고 아버지는 식당에서 일하신다.

우리 아버지는 요리를 잘하니까 자주 맛있는 음식을 해준다. 나는 특히 중국 음식을 너무 좋아한다. 중국 음식은 종류도 많고 너무 맛있다. 채소랑 고기가 많이 들어간다. 나도 가끔 집에서 음식을 직접 만들어서 먹는다. 고향에 가면 중국 음식을 많이 먹고 싶다.

㉯   우리 가족은 세 명이다. 부모님과 나 그리고 남동생이 한 명 있다. 우리 아버지는 식당을 운영하시고 어머니는 공무원이시다. 부모님은 많이 바쁘시지만 가족들과 함께 시간을 보내기 위해 노력하셨다.

어렸을 때부터 부모님은 우리와 같이 많은 시간을 보내려고 하셨다. 중학생 때 나는 가족과 함께 베이징으로 여행을 갔던 것이 아직도 기억에 많이 남아 있다. 또 우리 아버지는 식당을 운영해서 요리를 아주 잘하신다. 그래서 아버지는 가족들을 위해 자주 맛있는 음식을 해 주셨다. 특히 아버지가 만든 만두가 너무 맛있는데 가끔 생각이 난다.

지금은 한국에서 유학하고 있어서 가족과 떨어져서 지내고 있지만 마음은 항상 가깝게 있는 것 같다.

Part
02 바른 문장 쓰기

좋은 글을 쓰기 위한 중요한 요건은 정확한 문법과 맞춤법을 사용하는 것이다. 조사의 정확한 사용이나 문장 성분 사이의 호응은 한국어로 문장을 쓸 때 기본이 되지만 어려운 부분이기도 하다. 호응이란 주어, 서술어와 목적어 등의 문장 성분들 사이의 관계가 자연스럽게 어울리는 것을 말한다. 좋은 글은 좋은 문장이 바탕이 되어야 하고 좋은 문장은 좋은 글의 기본 재료가 된다.

다음 문장에서 틀린 부분을 찾아 바르게 고쳐 보자.

〈보기〉	나의 꿈어 선생님이 되는 것이다.
	→ 나의 꿈은 선생님이 되는 것이다.

1 한국의 프로그램을 너무 재미있습니다.
→

2 나는 기말 시험 때 도서관에 공부하려고 합니다.
→

3 제 친구는 공부를도 잘하고 운동도 잘해서 인기가 많아요.
→

4 타인의 이익의 대해서도 생각하면 공해나 환경 문제를 더 쉽게 해결할 수 있다.
→

5 요즘은 날이 덥고 습해서 피부병이 많이 나옵니다.
→

좋은 글을 쓰기 위한 조건은 맞춤법을 잘 지키는 것이다. 띄어쓰기에 맞게 글을 쓰는 것도 중요하다. 하지만 맞춤법과 띄어쓰기는 한국어 모국어 화자들도 어려워하는 부분이다. 정확한 사용법을 익히기 위하여 평소에 맞춤법과 띄어쓰기를 점검하는 습관을 들여 보자.

📝 다음 문장에서 틀린 부분을 바르게 고쳐 보자.

| 〈보기〉 | 지하철을 타던지 택시를 타던지 하자. |
| | → 지하철을 타든지 택시를 타든지 하자. |

1 한국어 실력은 네가 나보다 낳아.
→

2 국민으로써 세금을 납부할 의무가 있다.
→

3 나는 가방을 매고 유럽에 배낭 여행을 가는 것이 꿈이다.
→

4 오늘 식사 값은 내가 결재할게.
→

5 한국어 달인이 돼려면 어떻게 해야해?
→

6 저는 한국에 온지 1년 정도 되었어요.
→

7 띄어쓰기를 익히는데 오랜 시간이 걸렸다.
→

8 한 사람의 노력으로 환경 오염 문제를 해결할수 없다.
→

9 내일은 날씨가 아주 좋을것이다.
→

10 합격자는 너 밖에 없고 불합격한 사람은 여러 명이다.
→

다음은 한국어를 공부하는 학생이 직접 쓴 글이다. 글을 읽고 잘 쓴 부분과 수정되어야 할 부분을 확인해 보자.

저는 한국에 6개월에 온 지 됐고, 지금 한국대학교에서 한국어를 공부하고 있습니다.

우리 반 중에서 유이 씨를 가장 좋아합니다. 우리 반에는 저는 말이 많이 하고 새 친구를 사귀는 것을 좋아합니다. 반대로 유이 씨는 말이 너무 적고 조용하는 사람입니다. 우리는 친해졌습니다. 왜냐하면 우리는 취미가 똑같습니다. 우리는 세계 여행이 가고 싶습니다. 시간이 있을 때마다 우리는 같이 여행갈 계획을 만듭니다.

저는 한국에 온 지 6개월 됐습니다. 지금은 한국대학교에서 한국어를 공부하고 있습니다.

_____

_____

_____

_____

_____

_____

_____

📝 다음 질문을 참고하여 '나의 친구'를 주제로 200자 분량의 글을 써 보자.

① 내가 가장 좋아하는 친구는 누구인가?
② 이 친구는 언제, 어디서, 어떻게 만났는가?
③ 이 친구를 좋아하는 이유는 무엇인기?
④ 이 친구와 함께 자주 하는 것은 무엇인가?

_____

_____

_____

_____

_____

_____

_____

Part 03 문장 확장하기

좋은 글을 쓰려면 수식어, 즉 꾸며 주는 말을 잘 활용해야 한다. 명사, 대명사, 수사와 같은 체언을 꾸며 주는 말을 관형어라고 하고 동사나 형용사와 같은 용언을 꾸며 주는 말을 부사어라고 한다. 관형어나 부사어를 사용하거나 연결 어미를 사용하여 문장을 길고 구체적으로 만들 수 있다.

☑ 문장을 길게 만들어 보자.

〈보기〉	아기가 귀엽다.	
	→ 웃는 아기가 귀엽다.	[관형어]
	나를 보고 웃는 아기가 귀엽다.	[연결어]
	나를 보고 방긋방긋 웃는 아기가 귀엽다.	[부사어]

1

영화를 보았다.

→

2

발표를 준비한다.

→

3 사진을 찍었다.

→

4 나는 책을 좋아한다.

→

5 친구와 점심을 먹는다.

→

6 학교에서 축제를 한다.

→

7 휴가 때 여행을 갔다.

→

8 유학 생활이 재미있다.

→

써 봅시다

(1) 누구에게 쓴 글인지 이야기해 보자.

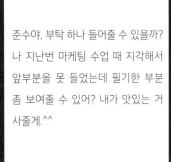

선생님, 안녕하세요? 저는 선생님의 말하기 수업을 수강하고 있는 율리아라고 합니다. 과제 제출 기한이 언제까지인지 잘 몰라서 연락을 드렸습니다. 답변해 주시면 감사하겠습니다

준수야, 부탁 하나 들어줄 수 있을까? 나 지난번 마케팅 수업 때 지각해서 앞부분을 못 들었는데 필기한 부분 좀 보여줄 수 있어? 내가 맛있는 거 사줄게.^^

(2) 이메일을 쓰는 방법을 익혀 보자.

공적인 이메일에 포함해야 하는 내용은 다음과 같다.

① 받는 사람

　　(예) 강미연 교수님께/공하림 선배님께

② 첫인사와 끝인사

　　(예) 안녕하십니까/감사합니다.

③ 자기 소개

　　(예) 저는 교수님 글쓰기 수업을 듣는 한국어학과 OO학번 OOO입니다.

④ 이메일을 쓴 목적

　　(예) 제가 이렇게 메일을 드리는 것은 다름이 아니라 ~기 위해서입니다.

(3) 다음 글을 완성해 보자.

1) 다음은 교수님께 쓰는 이메일이다. 수업에 결석하는 이유와 대체 과제를 요청하는 내용을 써 보자.

김현경 교수님께

    교수님, 안녕하세요? 저는 교수님의 '한국어 쓰기' 수업을 수강하고 있는 한국어학과 3학년 율리아라고 합니다. 제가 학교에서 주최하는 1박 2일 행사에 참여하게 되었습니다.

_____

_____   _____

_____

율리아 드림

2) 다음은 선배에게 쓰는 문자이다. 팀 프로젝트의 팀장으로서 역할 분담에 대한 문자를 선배에게 써 보자.

선배님, 안녕하세요? 이번 학기에 '경제학개론' 수업을 같이 듣는 왕환입니다.

_____

_____

_____

_____

3) 다음은 친구에게 쓰는 문자이다. 친구에게 공책을 빌리는 것을 부탁해 보자.

민주야, 내가 학교 행사 때문에 '한국어 쓰기' 수업을 못 들었어.

_____

_____

_____

_____

4) 다음은 중고 판매 사이트에 올릴 글이다. 물건을 파는 글을 써 보자.

〈중고 물품 판매〉

선우동에 사는 유학생입니다. 유학 생활을 마치고 고향에 돌아갑니다. 제가 쓰던 물건을 판매하려고
합니다.

_____

_____

_____

_____

(4) 다음 중 하나를 골라 글을 써 보자.

<상황>   ① 과제를 기한 내에 제출하지 못한 상황에서 추가 제출이 가능한지 교수님께 메일로 문의하려고 합니다.

② 문화 탐방 프로그램에 참여하고 싶은데 탐방 일정, 탐방 내용과 비용이 궁금합니다. 지난번에 탐방 프로그램에 참여한 경험이 있는 친구에게 문자를 보내려고 합니다.

_____

_____

_____

_____

_____

_____

자기 평가

※ 아래의 평가 항목을 보고 '네', '아니요'에 체크해 보자.

	네	아니요
1. 좋은 글의 조건을 알고 있는가?		
2. 문장을 정확하게 쓸 수 있는가?		
3. 이메일, 문자 등 실용적인 글을 잘 쓸 수 있는가?		

※ 배운 내용에 근거하여 중요한 내용 또는 질문을 적어 보자.

말하기의 기초

오늘까지 제출해야 하는 과제를 깜빡 잊어버리고 집에 두고 왔습니다. 교수님께 보고서를 집에 두고 왔다고 말씀을 드리고, 다음 시간에 가져와도 되는지를 여쭤보고 싶습니다.

1. 여러분은 이런 상황에서 교수님께 어떻게 이야기를 하겠습니까?

2. 상대방에게 부탁하고 싶은 일이 있을 때 어떻게 이야기해야 합니까?

학습 목표

1. 구어와 문어의 차이를 이해하고 올바른 태도로 말할 수 있다.
2. 대화 상황에 맞는 표현을 활용하여 말할 수 있다.

Part

01 말하기의 기초

 ## 말하기를 잘하려면?

    대학에서는 친구나 선배, 교수님과 관계를 맺기 위해서는 의사소통이 필수적이다. 물론 글을 통해서도 의사소통이 가능하지만, 말하지 않고서는 제대로 된 의사소통을 하기가 어렵다. 수업 시간에 친구들이나 교수님과 나누는 대화, 수업 시간의 발표까지 대학에서 말하기는 매우 중요한 능력이다. 말을 잘하기 위해서는 말하는 목적이 무엇인지, 듣는 사람이 누구인지 고려해야 한다. 그리고 말하는 상황과 맥락을 파악하여 적절하게 이야기해야 한다.

말을 잘하기 위해서 생각해 볼 점

첫째, 말하는 목적이 무엇인가?

둘째, 듣는 사람은 누구인가?

셋째, 말하는 상황(장소, 사람 수 등)은 어떠한가?

말하기의 기본기

말하기는 상황에 맞는 어휘와 문법을 정확하게 사용하는 것도 중요하지만 발음이나 억양, 목소리 크기, 속도 등도 매우 중요한 요소이다. 또한 효과적으로 말하기 위해서는 기본적으로 시선, 표정, 자세 등 다양한 비언어적 표현을 적절하게 활용해야 한다.

(1) 정확하게 발음하기

발음이 정확하면 말의 의미를 분명하게 전달할 수 있다. 정확하게 발음하기 위해서는 꾸준한 연습을 해야 한다.

✏ 발음에 주의하며 읽어 보자.

❶ 한국말, 국물, 작년, 국내, 읽는

❷ 거짓말, 낱말, 콧물, 첫눈, 옛날

❸ 의사, 의자, 의견, 의미, 의지, 의논

❹ 편의점, 저희, 강의, 창의력, 회의

❺ 고향의 봄, 친구의 가방, 한국의 문화

❻ 학교, 학생, 식당, 앞집, 탑승, 복사기

❼ 손등, 방바닥, 손가락, 몸짓, 밤길, 된장국

❽ 그림, 사람, 바람, 무료, 이름, 하루

❾ 놀이, 필요, 멀다, 얼음, 발음, 빨리

❿ 사다/싸다, 자다/짜다/차다, 타다/따다

⓫ 여기에서 사는 커피가 싸요.

⓬ 동생이 오전에 공을 차고 와서 자요.

⓭ 받침이 있는 글자는 발음이 어렵다.

⓮ 올해 여름에는 햇볕이 몹시 뜨거웠다.

⓯ 입학/졸업/생일을 축하해요.

⓰ 오늘 날씨가 정말 좋아요.

⓱ 이 숙제를 어떻게 해야 할지 모르겠어요.

⓲ 수업 끝났어요? 같이 식사하러 가요.

⓳ 지금까지 경청해 주셔서 감사합니다.

⓴ 한국어 문법에 대한 책을 찾아서 읽고 있어요.

연습 | 말해 봅시다

- 간장 공장 공장장은 강 공장장이고, 된장 공장 공장장은 장 공장장이다
- 내가 그린 기린 그림은 긴 기린 그림이고, 네가 그린 기린 그림은 짧은 기린 그림이다
- 저기 있는 저분은 박 법학박사이고, 여기 있는 이분은 백 법학박사이다
- 검찰청 창살 외철창살 경찰청 창살 쌍철창살
- 도토리가 문을 도로록 드르륵 두르륵 열었는가, 드로록 도루륵 두르륵 열었는가

(2) 목소리 크기와 속도, 휴지

대화나 발표에서 목소리가 너무 작거나 크면 제대로 의사소통을 하기가 어렵다. 말하는 사람의 감정 상태는 목소리에 잘 나타나며, 듣는 사람이 말하는 사람의 말에 집중하게 하기 위해서는 목소리의 크기를 적절하게 조절해야 한다. 또한 말할 때 천천히 말하거나 빨리 말하는 등 속도를 조절하면 내용을 효과적으로 전달할 수 있다. 속도를 조절하기 위한 방법 가운데 하나는 휴지를 두는 일이다. 휴지는 말하는 중간에 잠시 쉬는 것을 말한다.

🖉 끊어서 읽어야 하는 곳에 표시한 후 말해 보자.

연습 | 말해 봅시다

- 우리 오늘 저녁 먹고 영화 보러 안 갈래?
- 이번에 고향에 가면 언제 돌아올 거야? 너무 아쉬워.
- 와, 정말 대단하다!
- 한국의 전통 놀이에는 제기차기, 윷놀이, 공기놀이, 씨름, 연날리기 등이 있습니다. 혹시 이러한 놀이를 해 본 적이 있습니까?
- K대학교 재학 중인 유학생을 대상으로 '한국어를 공부하는 이유'에 대한 설문 조사를 실시했습니다. 그 결과에 따르면, '한국 기업에 취업하기 위해서'라는 응답이 40%를 차지하였습니다.

(3) 억양과 강세

한국어는 억양을 통해 말하고 싶은 의도와 감정, 태도를 표현할 수 있다. 처음부터 끝까지 같은 억양으로 말하는 것은 효과가 없다. 중요한 내용은 음을 조금 높이거나 낮추면 듣는 사람이 내용을 잘 이해할 수 있다. 또 강조하고 싶은 어휘나 표현에 강세를 두면 중요한 내용을 효과적으로 전달할 수 있다.

✎ 억양을 표시한 후 말해 보자.

연습 | **말해 봅시다**

- 어디 가요? / 도서관에 가요.
- 어디 가요? / 아니요, 안 가요.
- 피자를 먹을래요? / 햄버거 먹을래요?
- 이번 시험 정말 어려웠어. 그치? / 맞아. 더 열심히 공부할걸.
- 도서관이 몇 시까지 열지? / 지금 아홉 시 넘었어. 문 닫았을걸.
- 한국의 전통문화를 배우고 싶은데 어떻게 신청해야 합니까?
- 최근 기후 재난 문제가 심각한데, 이런 문제는 어떻게 해결할 수 있을까요?
- 너 정말 잘한다!
- 가방을 잃어버렸다고? 잘~한다! 잘해!

(4) 자신감 있는 태도와 자세

말을 잘하기 위해서는 적극적으로 대화에 참여하려고 하는 자세와 자신감이 필요하다. 자신감이 있으면 대화에 좀 더 적극적으로 참여할 수 있다. '혹시 상대방이 내 말을 못 알아들으면 어떡하지?' 하는 걱정은 오히려 자신감을 떨어뜨린다. 실수를 하더라도 '괜찮다'는 긍정적인 생각을 통해 자신감 있는 태도로 말을 해 보자. 자신감 있는 목소리나 표정은 대화나 발표 시, 좋은 인상을 전달할 수 있다.

말하기에서는 자세도 매우 중요하다. 일상생활에서 대화를 할 때에는 가능하면 가까운 거리에서 허리를 세우고 바른 자세를 유지하는 것이 좋다. 발표를 위한 말하기에서는 허리를 구부리지 않고 반듯하게 서서 말해야 한다. 고개를 숙이거나, 주머니에 손을 넣거나, 머리를 쓸어넘기는 자세 등을 자주 하면 듣는 사람에게 거부감을 줄 수 있다.

🎤 아래 그림 중 바른 자세는 무엇일까? 왜 그렇게 생각하는지 이야기해 보자.

(5) 표정과 시선

대체로 미소를 띤 밝은 얼굴 표정은 말하기에 있어서 가장 기본이다. 살짝 미소를 지으며 밝은 표정으로 대화를 하면 상대방에게 좋은 인상을 남길 수 있다. 하지만 대화에서 항상 밝은 표정을 지을 수는 없다. 대화에 따라 무거운 주제로 이야기를 할 때는 그만큼 진지한 표정이 필요하다. 예를 들어 듣는 사람을 설득하기 위한 발표에서는 확신에 찬 표정이 좋다. 발표나 대화에서 아무런 표정이 없거나 힘없는 표정은 좋지 않다.

대화를 나눌 때는 상대방과 시선을 맞추는 것이 중요하다. 대화는 서로 의사소통을 하는 것이기 때문에 시선을 통해 감정을 교류하는 것도 중요한 것이다. 발표 시에도 한 사람만 보거나 발표문만 보면서 계속 읽는 것은 좋지 않다. 대화를 할 때 상대방의 눈을 바라보는 것이 좋지만, 부끄럽다면 상대방의 미간이나 귀를 바라보는 것도 좋다.

좋은 시선의 예

좋지 않은 시선의 예

(6) 몸짓

말을 잘하는 사람들은 몸짓도 적절하게 활용할 줄 안다. 몸짓을 제스처(gesture)라고 하는데, 말할 때 몸짓을 자연스럽게 사용하면 듣는 사람들에게 내용을 효과적으로 전달할 수 있다. 예를 들어 발표를 하는 경우에는 화면을 가리키기도 하고, 손가락이나 손바닥을 활용해서 내용을 강조할 수 있다.

좋은 몸짓의 예

좋지 않은 몸짓의 예

Part 02 말하기의 실제

 말(구어)과 글(문어)의 차이

　　말을 할 때는 상대에 따라 높임말이나 반말을 사용할 수 있다. 그리고 조사를 생략하는 것이 자유롭고 줄임말도 사용할 수 있다. 그러나 글을 쓸 때는 조사를 생략하거나 줄임말을 사용하지 않는다. 말과 글의 차이를 알아보자.

(1) 구어에서는 줄임말을 사용할 수 있다.

글(문어)		말(구어)
한국 유학 생활이 조금 편해졌다.	➡	한국 유학 생활이 좀 편해졌어.
지난 학기에 아르바이트를 시작했다.	➡	
책을 꾸준하게 많이 읽는 것이 중요하다.	➡	

(2) 구어에서는 조사를 생략할 수 있다.

글(문어)		말(구어)
나는 어제 밥을 먹고 운동을 했다.	➡	나 어제 밥 먹고 운동했어.
지난 주말에는 서울에 가서 구경을 많이 했다.	➡	
나는 축구를 자주 하는데, 스트레스를 푸는 데에는 최고의 운동이라고 생각한다.	➡	

(3) 구어에서는 상대, 목적에 따라 높임 표현을 사용해야 한다.

글(문어)	말(구어)
이번 방학에 아르바이트를 시작한다.	(격식체) 이번 방학에 아르바이트를 시작했습니다. (비격식체) 이번 방학에 아르바이트를 시작했어요.
제주도는 매우 아름다운 도시였다.	(격식체) (비격식체)
민수가 솔직한 모습을 보여 주기를 희망한다.	(격식체) (비격식체)
요즘 이 드라마는 전 세계적으로 많은 인기를 얻고 있다.	(격식체) (비격식체)
한류의 성공 비결에 대해 설명하고자 한다.	(격식체) (비격식체)

유용한 말하기 표현 알기

(1) 부탁하기

대학에서는 교수님께 자료를 받고 싶어서 부탁을 드리거나, 선배나 친구에게 개인적인 부탁을 해야 할 때가 있다. 보통 부탁하는 말하기에서는 '~아/어 주세요'라는 표현을 자주 사용하지만 조금 더 효과적인 표현 방법이 있다. 아래의 예시 중 어떤 표현이 효과적일까?

① 교수님, 자료를 보내 주세요.
② 교수님, 자료를 받고 싶어요.
③ 교수님, 자료를 좀 보내 주실 수 있으세요?
④ 교수님, 자료를 좀 보내 주시면 안 될까요?

교수님께 부탁하고 싶은 일이 있을 때는 '~아/어 주세요'라는 직접적인 표현은 피하는 것이 좋다. 조금 더 예의를 갖추어 조심스럽게 부탁하고 싶을 때는 의문문을 사용해서 그 일을 해줄 수 있는지 가능성을 물어보면 좋다. 여기에 '좀'이라는 표현을 넣으면 더 공손하게 보일 수 있다.

(2) 거절하기

상대방의 제안을 거절하는 것은 쉬운 일이 아니다. 이때 상대방의 기분을 나쁘지 않게, 부드럽게 말하는 방법은 무엇일까? 아래 예시 중 어떤 표현이 효과적일까?

① 그 영화 보고 싶지 않아.
② 그날 약속이 있어. 다음에 가자.
③ 어떡하지? 그날 약속이 있어서 영화 보기 어려울 것 같은데...

한국에서는 상대방의 제안을 거절할 때 직설적으로 솔직하게 거절하는 표현은 실례가 될 수 있다. '어떡하지?'와 같은 말을 함께 사용하면 조금 더 부드럽게 거절을 할 수 있다.

• 친구에게 오늘 수업 시간에 필기한 노트를 빌려 달라고 부탁해 봅시다.

말해 봅시다

상황 1

학과 오리엔테이션에서 자신을 소개하는 상황입니다. 바른 자세로 자기소개를 해 봅시다.

말해 봅시다

상황 2

동아리에서 한국 친구에게 자신을 소개하는 상황입니다. 바른 자세로 자기소개를 해 봅시다.

자기 평가

※ 아래의 평가 항목을 보고 '네', '아니요'에 체크해 보자.

	네	아니요
1. 구어와 문어의 차이를 알고 있는가?		
2. 올바른 태도로 말할 수 있는가?		
3. 대화 상황에 맞게 말할 수 있는가?		

설명하기

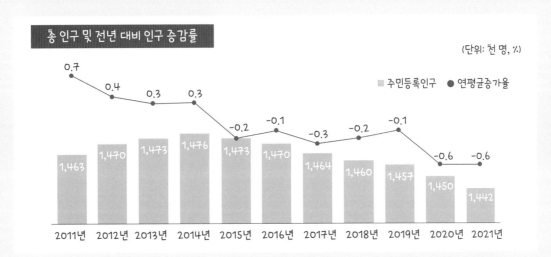

총 인구 및 전년 대비 인구 증감률

(단위: 천 명, %)

■ 주민등록인구   ● 연평균증가율

0.7 0.4 0.3 0.3 -0.2 -0.1 -0.3 -0.2 -0.1 -0.6 -0.6

1,463 1,470 1,473 1,476 1,473 1,470 1,464 1,460 1,457 1,450 1,442

2011년 2012년 2013년 2014년 2015년 2016년 2017년 2018년 2019년 2020년 2021년

1. 광주광역시의 인구는 어떻게 변화하고 있습니까? 위의 표를 어떻게 설명하면 좋겠습니까?

2. 설명하는 글을 쓸 때 자주 쓰는 표현은 무엇입니까?

학습 목표

1. 설명하는 글을 쓰는 방법에 대해 이해할 수 있다.
2. 다양한 시각 자료를 설명하는 글을 쓸 수 있다.

Part

01

설명하기란

설명하기

설명문은 독자에게 정보를 전달하기 위해서 쓴 글을 말한다. 설명하는 글을 쓰려면 정보를 수집한 후 설명하는 대상을 잘 이해할 수 있도록 써야 한다. 따라서 설명문은 작가의 의견보다는 사실을 정확하게 전달하는 데 더 신경을 써서 작성해야 한다.

◈ 설명문의 특징

설명문은 다른 유형의 글과는 다른 특징이 있다. 첫째, 사실대로 쓴다. 설명문은 글쓴이의 짐작, 상식, 의견, 주장 등을 쓰지 않고 사실대로 설명해야 한다. 둘째, 설명문은 정보를 전달하는 데 목적이 있다. 따라서 주장하는 글과 같이 상대방을 설득하거나, 문학 작품처럼 감명을 주는 데 목적이 있는 것이 아니라 오직 상대방이 이해하기 쉽게 하는 데 목적이 있다는 점이 특징이다. 셋째, 정확한 내용으로 구성해야 한다. 설명문은 사실을 중심으로 써야 하기 때문에 내용이 정확해야 한다. 주변에서 볼 수 있는 설명문으로는 제품 설명서, 길 안내하는 글, 과학적 원리를 설명하는 글 등이 있다.

◆ 설명하는 글쓰기의 절차

① 주제 선정: 독자가 누구인지 분석하고 독자들이 요구하는 정보를 제공해야 한다.

② 자료 탐색: 관련된 자료를 찾는 단계이다. 어떤 자료를 활용하여 제시함으로써 설명의 신뢰성을 높일 수 있는지 고민해야 한다.

③ 개요 작성: 도입-전개-마무리에 포함될 내용을 구상하는 단계이다.

④ 초고 작성: 한 단락은 주제문과 뒷받침하는 내용으로 구성하며, 한 단락에는 한 가지의 메시지를 전달한다. 글 전체는 일관성과 응집성이 있어야 한다.

◆ 설명문의 구성

① 처음: 설명할 대상을 소개하고, 이것을 설명하는 이유, 그리고 설명하는 방법을 밝힌다. 가장 중요한 것은 읽는 사람들이 흥미를 가질 수 있도록 구성해야 한다는 점이다.

② 중간: 대상에 대한 설명을 알기 쉽고 자세하게 설명한다. 내용에 따라 여러 문단으로 나누어 쓸 수 있으며, 통계 자료나 도표 등을 인용해 정확성과 신뢰도를 높이는 것이 좋으며, 아래에 제시한 다양한 설명 방법을 활용한다.

③ 끝: 설명한 내용을 요약하고 정리한다. 글의 내용 중 강조하거나 주의할 것을 생각하면서 정리하되 글을 쓴 사람의 주장이 두드러지지 않도록 유의해야 한다.

설명을 하는 방법에는 1) 정의하기, 2) 예를 들어 설명하기, 3) 공통점 설명하기, 4) 차이점 설명하기, 5) 나열하기 등이 있다.

설명하는 글쓰기 전략

정의	대상의 뜻을 밝혀 풀이하는 방식으로 '무엇은 무엇이다', '무엇이란 무엇이다'와 같은 형태로 표현한다. (예) 표준어란 한 나라에서 공용어로 쓰는 규범으로서의 언어이다.
예시	대상과 관련된 구체적이고 친근한 예를 들어 설명하는 방법이다. 주로 중심 문장을 뒷받침하는 문장을 쓸 때 구체적인 예를 들어 전달하려는 정보를 더 분명하게 이해시킬 수 있다. 주로 '예를 들면', 'A의 예에는 B가 있다', 'A의 예로 B를 들 수 있다'와 같은 표현을 사용한다. (예) 한국은 발효 음식을 많이 만들어 먹는다. 발효 음식의 예로는 김치, 된장, 간장을 들 수 있다.
비교	둘 또는 그 이상의 사물에 대해 비슷한 점이나 공통점을 밝혀 설명하는 방법이다. 주로 'A는 B와 같다/ 비슷하다', 'A는 —는다는 점에서 B와 같다/비슷하다', 'A는 B와 마찬가지로 —다'와 같은 형태를 사용한다. (예) 개와 고양이는 사람을 잘 따르는 동물이라는 점에서 비슷하다.
대조	둘 또는 그 이상의 대상을 차이점을 들어 설명하는 방법이다. 주로 'A는 B와 다르다/ 차이가 있다', 'A는 —는다는 점에서 B와 다르다/ 차이가 있다', 'A는 —는 데 반해 B는 —다', 'A는 B와 달리 —다'와 같은 표현을 사용한다. (예) 광주는 인구가 감소한 반면 서울의 인구는 증가했다. 여러 대상이나 개념을 일정한 기준에 따라 나누거나 상위 분류로 묶어서 설명하는 방법이다. 전체 체계를 이해하거나 전체 속에서 하나의 대상이 차지하는 위치를 알 수 있게 한다. (예) 문은 열고 닫는 방법에 따라 옆으로 밀어서 여는 미닫이문과 안과 밖으로 열고 닫는 여닫이문이 있다.
나열	여러 사실이나 예시를 열거하면서 설명하는 방식이다. 보통 '첫째, 둘째, 셋째—', '먼저/우선', '다음은/ 다음으로는', '마지막으로/ 끝으로—', 'A에는 가, 나, 다가 있다', 'A로는 가, 나 등이 있다'와 같은 표현을 사용한다. (예) 건축에서 문의 방향을 결정하는 요인은 세 가지 정도로 꼽을 수 있다. 　　　첫째 공간의 활용, 둘째 비상시의 대피, 셋째 행동 과학이 그것이다.

(1) 다음 글을 읽고 어떤 방법으로 설명하고 있는지 알아 보자.

㉮ 독도 주변의 바다는 수심이 얕고 평평한 지형이 발달해 있다. 이러한 지형은 수심이 얕아 햇빛이 잘 들어오기 때문에 광합성에 좋은 조건을 갖추고 있다. 따라서 물고기의 먹이가 되는 플랑크톤이 많이 살고 있을 뿐만 아니라, 수심이 얕아 물고기가 알을 낳는 데도 유리하여 독도 주변에는 황금 어장이 만들어진다.

㉯ 우리 종은 서양 종과 다르다. 서양 종은 크리스마스카드에서 자주 보았듯 종 위쪽이 좁고 아래쪽은 벌어져 있다. 종 속의 쇠막대기로 종의 안쪽을 두드려 친다. 주로 높은 곳에 매달아 놓기 때문에 종소리는 가늘고 높다. 또한, 종의 몸통을 주로 황동으로 만들었으므로 대체로 누런색을 띤다. 우리 종은 몸통 선이 부드럽게 내려오다 아랫부분이 약간 안쪽으로 오므라져 있다. 우리 종은 서양 종과 달리 커다란 나무 막대로 종의 바깥쪽을 쳐서 소리를 낸다. 종을 치는 나무 막대를 '당목'이라고 하는데, 종 바로 옆에 매달아 놓는다. 우리 종은 땅에서 그리 높지 않은 곳에 걸어 놓기 때문에 종소리가 아래쪽으로 펼쳐진다. 그래서 굵직하면서 은은한 소리가 난다. 또한, 청동으로 만들었기 때문에 대부분 푸른색을 띤다.

출처: 이관표 〈손 안의 박물관〉

Part
02 설명하기 활동

◆ **도표를 설명하는 글을 쓸 때 유의할 점**

① 설명해야 할 내용 찾기

　　도표에 제시된 숫자나 정보를 나열하기보다는 도표를 통해 독자에게 전달하고 싶은
　　정보를 찾는다.

② 이해하기 쉽게 글 구성하기

　　독자들의 이해 과정을 생각하면서 어떤 정보를 먼저 제시하고 나중에 제시할지 결정한다.

③ 정확한 표현 사용하기

　　도표에 제시된 숫자와 증가와 감소, 원인과 결과 등을 정확하게 사용하여 설명한다.

(1) 아래 도표를 설명해 보자.

광주전남 관광지의 내비게이션 검색 순위(2022년 7월)

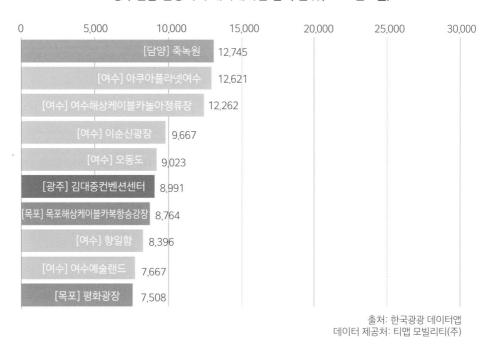

출처: 한국광광 데이터앱
데이터 제공처: 티맵 모빌리티(주)

1) 도표에 제시된 내용 중 어떤 정보를 전달하고 싶은가?

2) 정보를 어떤 순서로 제시할지 생각해 보자.

3) 위의 도표를 설명하는 데 필요한 표현들에는 어떤 것이 있을까?

- 정보의 출처 밝히기: 한국관광 데이터랩에서~

- 순서 나열하기: 검색 순위가 가장 높은 관광지는~, 그 다음으로는 ~ 이/가 차지했다

- 비교/대조하기: 담양의 죽녹원이 12,745건인데 반해 광주의 김대중컨벤션센터는 8,991건으로
  나타났다.

(2) 위의 내용을 바탕으로 도표를 설명하는 글을 써 보자.

_____

_____

_____

_____

_____

_____

_____

_____

_____

_____

유학생을 위한 글쓰기와 말하기

(1) 다음 글을 읽고 질문에 답해 보자.

　광주광역시는 대한민국의 중남부에 위치한 아름다운 도시로 역사와 문화가 고스란히 녹아 있는 곳이다. 또한 전라남도의 중심지로서 다양한 매력을 자랑하며 국내외 관광객들에게 인기를 끌고 있다.

　광주는 대한민국의 역사적인 사건 중 하나인 '5·18 민주화 운동'의 중심지로 잘 알려져 있다. 광주 5·18 민주화 운동 기념비와 관련된 유적지들은 그 당시 역사적인 순간을 되새기며 국민들에게 시민 의식을 일깨우는 데 기여한다. 또한 광주는 예술과 문화의 중심지이다. 광주는 국내 최대 규모의 '광주비엔날레'를 비롯하여 다양한 문화 행사와 축제가 열리는 곳으로, 예술과 창의성을 즐길 수 있는 풍부한 환경을 제공한다. 음식 문화도 광주의 매력 중 하나이다. 광주에서는 전통적인 전라도 음식을 맛볼 수 있으며 매콤하고 감칠맛 넘치는 음식들이 독특한 맛을 자랑한다. 광주의 골목길에는 지역 특산물과 다양한 먹거리들이 가득하여 식도락 여행을 즐기기에 안성맞춤이다. 자연환경이 풍부한 광주에서는 산과 계곡, 호수가 어우러져 자연 속에서의 즐거움을 찾을 수 있다. 광주의 숨겨진 명소들은 조용한 휴식과 아름다운 풍경을 선사하여 방문객들에게 특별한 경험을 선사한다. 마지막으로 광주는 교육과 산업이 발전한 도시로서 현대적이고 발전된 도시 경관을 자랑한다. 도심 속에서도 그림 같은 자연이 어우러져 도시 생활을 더욱 풍요롭게 만들어 준다.

　광주는 역사, 문화, 예술, 음식, 자연 등 다양한 측면에서 매력적인 도시로 방문객들에게 다양한 경험과 추억을 선사하는 곳이다.

📖 글을 세 부분으로 나누고 중심내용을 써 보자.

도입	전개	마무리

(1) 고향을 설명하는 글의 개요를 구성해 보자.

도입	전개	마무리

(2) 위의 메모를 바탕으로 '전개' 부분의 한 단락을 구성해 보자.

_____

_____

_____

_____

_____

_____

 자기 평가

※ 아래의 평가 항목을 보고 '네', '아니요'에 체크해 보자.

	네	아니요
1. 설명하는 글쓰기 구성 방법을 알 수 있다.		
2. 설명하는 글쓰기에 자주 활용되는 표현을 사용하여 글을 쓸 수 있다.		

묘사하기

<목포 갓바위>

1. 바위가 어떤 모양 같습니까?

2. 사람이나 동물처럼 생긴 바위나 나무를 본 적이 있습니까? 친구에게 소개해 보십시오.

Part
01

묘사하기란

묘사하기

　묘사하기는 어떤 사물이나 인물, 공간이나 상황을 그림 그리듯이 표현하는 것을 말한다. 사물은 모양, 재질, 크기 등을 묘사할 수 있다. 그리고 인물은 외모와 옷차림, 성격, 행동 등을 묘사할 수 있다. 공간과 상황 묘사하기는 시공간적 배경에서 보고 느낀 것을 서술하는 것이다.

사물 묘사	모양, 재질, 크기 등
인물 묘사	외모, 옷차림, 성격, 행동 등
공간, 상황 묘사	시간적 공간적 배경

◈ **묘사하기의 특징**

묘사하기는 정보 전달 기능을 가진다는 측면에서 설명이나 서사와 유사하다고 생각할 수 있다. 그러나 묘사하기는 어떠한 대상을 사실적이고 객관적인 내용으로만 설명하지 않는다는 점에서 다른 정보 전달 표현 방식과 큰 차이를 가진다. 묘사하기는 대상을 있는 그대로 서술하는 것이 아니라 인상적인 내용을 중심으로 그 특징과 느낌을 일관성 있게 표현한다.

◈ **묘사하기의 순서**

묘사하기의 순서는 일반적으로 다음과 같다. 먼저 대상의 인상적인 특징을 파악한다. 다음 대상의 특징을 잘 나타내기 위한 묘사 순서를 결정한다. 순서는 대상의 인상적인 특징이 잘 드러나도록 대상 주변 요소와 잘 연결하여야 한다. 예를 들어 사물을 묘사한다면 '전체에서 부분, 부분에서 전체'로 하는 방법이 있다. 그리고 공간을 묘사한다면 '안에서 밖, 밖에서 안' 또는 '가까운 곳에서 먼 곳, 먼 곳에서 가까운 곳'과 같이 묘사 순서를 정할 수 있다. 마지막으로 청자나 독자가 묘사 대상을 감각적으로 느낄 수 있도록 효과적으로 묘사한다. 이때 대상의 인상적인 특징과 다른 특징이 통일되고 일관성 있게 나타나야 한다.

묘사하기 순서	인상적 특징 파악
	↓
	묘사 순서 결정
	↓
	효과적으로 묘사

유학생을 위한 글쓰기와 말하기

비유하기

문학 작품에는 일반적인 의미로 해석하면 통하지 않는 표현들이 있다. 예를 들면 사람은 거북이가 될 수 없지만 문학 작품에서는 "내 친구는 거북이다", "내 친구는 거북이 같은 사람이다"라고 말할 수 있다. 실제로는 불가능한 내용이지만 좀 더 효과적으로 표현하기 위해 이와 같은 방법을 사용한다. 이러한 방법을 비유라고 한다.

(1) 비유하기의 방법

방법	설명과 예시
직접 비유하기	비슷한 성질이나 모양을 가진 두 대상을 '같이', '처럼', '듯(이)'와 같은 표현을 사용하는 방법 (예) 여우처럼 교활하다 / 돈을 물 쓰듯이 하다
대상과 대상을 연결하여 비유하기	사물의 상태나 행동을 'A는 B이다'와 같은 형식으로 표현하는 비유 방법 (예) 내 마음은 호수요 / 얼굴은 귀신이지만 마음은 부처이다
살아 있는 것처럼 비유하기	무정물을 감정이 있는 유정물처럼 표현하는 방법 (예) 우는 바다 / 꽃이 웃는다 / 강물은 말없이 흐른다
부분을 전체처럼 비유하기	사물의 일부분이나 특징으로 그 자체나 전체를 표현하는 방법 (예) 백의(白衣)의 천사(간호사) / 요람에서 무덤까지(태어나서 죽을 때까지)
속담과 격언으로 비유하기	본뜻은 완전히 숨기고 비유하는 말만으로 숨겨진 뜻을 표현하는 방법 (예) 개구리 올챙이 적 생각 못한다 / 빈 수레가 요란하다

(2) 비유 표현 찾기

다음 시와 노래에 사용된 비유 표현의 종류와 의미를 생각해 보세요.

순간, 나는
뉴턴의 사과처럼
사정없이 그녀에게로 굴러 떨어졌다
쿵 소리를 내며, 쿵쿵 소리를 내며

심장이
하늘에서 땅까지
아찔한 진자운동을 계속하였다
첫사랑이었다.
　　　　　　　김인육 <사랑의 물리학>

가시처럼 깊게 박힌 기억은
아파도 아픈 줄 모르고
그대 기억이 지난 사랑이
내 안을 파고드는 가시가 되어
제발 가라고 아주 가라고
애써도 나를 괴롭히는데
　　　　　　　버즈 <가시>

머리 모양

(1) 머리 모양 묘사하기

- 머리가 길다, 머리가 짧다
- 생머리, 단발머리, 곱슬머리, 파마머리, 스포츠머리
- 머리숱이 많다, 머리숱이 적다, 머릿결이 좋다
- 머리를 땋다, 머리를 올리다, 머리를 묶다, 가르마를 타다

위의 표현을 사용하여 아래 그림을 묘사해 보자.

이 사람은 제 친구 제니예요.

제니는 _____ 인 데다가

머리숱이 _____ 편이에요.

이 남자는 우리 형이에요.

형은 운동선수인데 짧은 _____ 하는

것을 좋아해요.

이 여자는 제 미국 친구 안나예요.

안나의 머리는 _____ 예요.

안나는 금발인데 _____ 이 참 좋아요.

가르마를 _____.

얼굴과 외형

(1) 얼굴과 외형 묘사하기

얼굴	얼굴이 크다, 작다, 동그랗다, 네모나다, 각이 지다, 넓적하다
코	코가 높다, 낮다, 오뚝하다, 납작하다
눈	눈이 작다, 크다, 동그랗다, 날카롭다, 눈썹이 연하다, 진하다
턱	턱이 길다, 동그랗다, 뾰족하다, 각이 지다
입	입이 크다, 작다, 입술이 도톰하다, 얇다
표현	-아/어 있다: 그림이 그려져 있다, 명찰이 달려 있다 -고 있다: 입고 있다, 쥐고 있다, 당기고 있다 -처럼 보이다, 생기다: 토끼처럼 생기다

📖 위의 표현을 사용하여 아래 그림을 묘사해 보자.

이 캐릭터는 라이티예요.

라이티는 사자 머리 모양이에요.

눈이 작고 동그래요. 눈썹은 _____.

입은 _____.

배에는 무등산이 _____.

마음이는 우리 학교 상징이에요.

마음이는 왕관을 _____.

눈웃음을 치고 있어요.

오른손으로는 활을 _____.

왼손으로는 화살을 _____.

③

앤비예요.

앤비는 팔짱을 _____ 서 있어요.

선글라스를 _____ 있어요.

코와 입은 크고 얼굴은 _____.

④

호덕이는 우리 학교 상징이에요.

호덕이는 눈썹이_____. 입술이 _____.

넥타이를 _____ 있고 가슴에는 명찰이

_____

발은 오리발처럼 _____.

건축물

(1) 건축물 묘사하기

형태	• 직선, 곡선 • 원형, 반원형, 타원형 • 삼각형, 사각형, 정사각형, 직사각형 • 정육면체, 직육면체
모양	• 길쭉하다, 동그랗다, 네모나다, 뾰족하다 • 단순하다, 간결하다, 정교하다, 섬세하다, 독특하다, 웅장하다, 세련되다 • 대칭을 이루다, 나란히 서다, 마주 보다
색	화려하다, 다채롭다, 강렬하다
느낌	조화를 이루다, 전율을 느끼다, 신비로운 분위기가 나다, 조형미가 뛰어나다, 강렬한 인상을 주다, 경외감을 불러일으키다, 분위기를 압도하다

✏️ 위의 표현을 사용하여 아래 그림을 묘사해 보자.

<보기> 오페라 하우스(호주)

오페라 하우스는 조형미가 뛰어나고 바다와 조화를 이루고 있다. 외형은 간결하면서 세련되었다. 모양은 반원형이지만 끝은 뾰족한 독특한 형태이다.

① 버즈칼리파(아랍에미리트)

② 성 바실리 성당(러시아)

③ 상하이 타워(중국)

Part 02 묘사하기 활동

 성격 묘사하기

(1) 성격을 알 수 있는 방법에는 어떤 것이 있을까?
아래 그림을 보고 친구와 이야기해 보자.

(2) 다음은 자신의 MBTI를 알아볼 수 있는 간단한 테스트이다. 4개의 표를 보고 자신의 성격과 어울린다고 생각하는 것에 표시해 보자.

1)

구분	내용	가	나
1	(가) 나는 외부 세계에 관심이 많다. (나) 나는 나의 내면에 관심이 많다.		
2	(가) 나는 사교적이고 활동적인 것을 좋아한다. (나) 나는 조용하고 개인적인 활동을 좋아한다.		
3	(가) 나는 말로 표현하는 것을 좋아한다. (나) 나는 글로 표현하는 것을 좋아한다.		
4	(가) 나는 직접 경험한 후에 이해하는 것을 좋아한다. (나) 나는 이해하고 생각한 후에 경험하는 것을 좋아한다.		
5	(가) 사람들이 많을 때 내가 드러나는 것을 좋아한다. (나) 사람들이 많을 때 나를 숨기는 것을 좋아한다.		

2)

구분	내용	다	라
1	(다) 나는 현재에 초점을 두는 편이다. (라) 나는 미래에 초점을 두는 편이다.		
2	(다) 나는 사실적으로 묘사하는 것을 좋아한다. (라) 나는 비유적으로 묘사하는 것을 좋아한다.		
3	(다) 나는 실제적인 것을 좋아한다. (라) 나는 상상하는 것을 좋아한다.		
4	(다) 나는 숲보다 나무를 보려고 한다. (라) 나는 나무보다 숲을 보려고 한다.		
5	(다) 나는 노래를 들을 때 가사보다 멜로디가 더 중요하다. (라) 나는 노래를 들을 때 멜로디보다 가사가 더 중요하다.		

3)

구분	내용	마	바
1	(마) 나는 객관적인 사실이 중요하다. (바) 나는 상황적인 특성이 중요하다.		
2	(마) 나는 원칙과 규칙을 지키는 것이 중요하다. (바) 나는 인간적 관계와 정서적 측면이 중요하다.		
3	(마) 나는 '맞다'와 '틀리다'를 확실히 구분하는 것이 좋다. (바) 나는 '좋다'와 '나쁘다'를 확실히 구분하는 것이 좋다.		
4	(마) 나는 감정보다 진실이 더 중요하다. (바) 나는 진실보다 감정이 더 중요하다.		
5	(마) 나는 다른 사람에게 관심이 없는 사람처럼 행동하는 편이다. (바) 나는 다른 사람의 말과 행동에 공감을 잘하는 편이다.		

4)

구분	내용	사	아
1	(사) 나는 과제가 있으면 계획을 세운 다음 시작한다. (아) 나는 과제가 있으면 우선 자료 조사부터 시작한다.		
2	(사) 나는 여행 계획을 세부적으로 작성하는 편이다. (아) 나는 여행 계획을 간단하게 작성하는 편이다.		
3	(사) 나는 일어나지 않은 일을 미리 걱정하는 편이다. (아) 나는 일어나지 않은 일은 미리 걱정하지 않는 편이다.		
4	(사) 나는 갑자기 생긴 약속보다는 계획된 약속을 좋아한다. (아) 나는 갑자기 생긴 약속이라도 즐거운 마음으로 나간다.		
5	(사) 나는 친구가 갑자기 집을 방문하면 마음이 불편하다. (아) 나는 친구가 갑자기 집을 방문하면 그 순간이 즐겁다.		

(3) 다음 표를 통해 여러분의 MBTI를 확인해 보십시오. '가'가 '나'보다 많으면 'E'이고 '나'가 '가'보다 많으면 'I'입니다. 같은 방식으로 나머지도 찾아보십시오.

가>나	E	가<나	I
다>라	S	다<라	N
마>바	T	마<바	F
사>아	J	사<아	P

※ 부록: 다음 글을 읽고 괄호 안에 알맞은 단어를 써 보자.

　　MBTI(Myers-Briggs Type Indicator) 검사는 개인의 성격을 16개 유형으로 분류한다. 각 유형은 크게 보면 네 개의 기준을 가진다. 첫 번째 기준은 '외향형(E-Extraversion)과 내향형(I-Introversion)'이다. 외향형은 활발하고 사교적인 것을 말하며 내향형은 조용하고 신중한 것을 의미한다. 두 번째는 '감각형(S-Sensing)과 직관형(N-iNtuition)'이다. 감각형은 현실적이고 경험을 중시하며 직관형은 추상적이고 미래에 대한 가능성을 탐구한다. 세 번째는 '사고형(T-Thinking)과 감정형(F-Feeling)'으로 사고형은 논리적이고 분석적이며 객관적인 판단을 선호한다. 그리고 감정형은 감정 중심적이며 사람과의 관계와 가치를 중시한다. 마지막으로 '판단형(J-Judging)과 인식형(P-Perceiving)'이다. 판단형은 계획적이고 목적성이 있어서 일정을 중시하는 반면 인식형은 융통성 있고 자율성이 있어서 유연하게 일을 한다.

에너지 방향	외향형 (활발, 사교적, 활동적)	①_____ (조용, 신중)
인식 기능	②_____ (현실적, 경험과 사실 중시)	직관형 (추상적, 미래지향적)
판단 기능	사고형 (논리적, 분석적, 객관적 판단)	③_____ (관계 중심, 사람과 사람 관계 중심)
생활 양식	④_____ (계획적, 사전 계획)	인식형 (자율적, 융통성)

관리자형	탐험가형	외교관형	분석가형
ISTJ (현실주의자)	ISTP (장인)	INFJ (옹호자)	INTJ (전략가)
사실을 중시하는 믿음직한 현실주의자	대담하면서도 현실적인 성격으로 모든 종류의 도구를 자유자재로 다루는 스타일	차분하고 신비한 분위기를 풍기는 성격으로 다른 사람에게 의욕을 불어넣어 주는 이상주의자	모든 일에 대해 계획을 세우며 상상력이 풍부한 전략가
ISFJ (수호자)	ISFP (모험가)	INFP (중재자)	INTP (논리술사)
주변 사람을 보호할 준비가 되어 있는 헌신적이고 따뜻한 스타일	항상 새로운 경험을 추구하는 유연하고 매력 넘치는 예술가	항상 선을 행할 준비가 되어 있는 부드럽고 친절한 이타주의자	지식을 끝없이 갈망하는 혁신적인 발명가
ESTJ (경영자)	ESFP (연예인)	ENFP (활동가)	ENTP (변론가)
사물과 사람을 관리하는 데 뛰어난 능력을 가진 경영자	즉흥적이고 넘치는 에너지와 열정으로 주변 사람을 즐겁게 하는 스타일	열정적이고 창의적인 성격으로 긍정적으로 삶을 바라보는 사교적이면서도 자유로운 영혼	지적 도전을 즐기는 영리하고 호기심이 많은 사색가
ESFJ (집정관)	ESTP (사업가)	ENFJ (선도자)	ENTJ (통솔자)
배려심이 넘치고 항상 다른 사람을 도울 준비가 되어 있는 성격으로 인기가 많고 사교성 높은 마당발	위험을 기꺼이 감수하는 성격으로 영리하고 에너지 넘치며 관찰력이 뛰어난 사업가	청중을 사로잡고 의욕을 불어넣는 카리스마 넘치는 지도자	항상 문제 해결 방법을 찾아내는 성격으로 대담하고 상상력이 풍부하며 의지가 강력한 지도자

(4) 같은 유형의 친구들과 만나서 이야기해 보자. 비슷한 성격인가?
어울리는 직업을 찾아서 발표해 보자.

(예) 우리는 ENFP입니다. 우리 팀에게 어울린다고 생각하는 직업은 상담사, 배우, 디자이너였습니다.
왜냐하면 ENFP의 성격은 _____.

자기 평가

※ 아래의 평가 항목을 보고 '네', '아니요'에 체크해 보자.

평가 항목	네	아니요
1. 머리 모양, 외모, 건축물의 특징을 말할 수 있는가?		
2. 자신과 다른 사람의 성격을 말할 수 있는가?		

발표하기

1. 여러분은 발표를 해 본 적이 있습니까?

2. 발표를 잘하려면 어떻게 해야 합니까?

학습 목표

1. 공식적 말하기를 하는 데 필요한 표현을 알 수 있다.
2. 발표 주제에 대한 자료를 PPT로 구성하여 발표할 수 있다.

Part 01 발표하기란

 발표하기

 발표하기는 격식적인 말하기의 한 종류로 화자(말하는 사람)가 청자(듣는 사람)를 대상으로 특정한 주제를 가지고 자신의 생각을 논리적으로 알리는 말하기 활동을 말한다. 발표하기는 보통 '도입 - 전개 - 결론'의 순서에 따라 진행된다. 도입에서는 인사 및 발표 주제와 순서에 대해 소개하고 전개에서는 주제와 관련된 핵심적인 발표 내용에 대해 논리적으로 설명한다. 결론에서는 발표 내용을 정리하고 청중들의 질문에 응답하고 발표를 마무리한다.

◈ **발표 준비 단계**

주제 정하기	청중 분석 → 주제 선정 → 발표 목적 설정
내용 만들기	자료 수집 → 내용 구성 → 원고 작성 → 보조 자료 작성
사전 연습하기	발표 장소, 시간, 기자재 확인

① 발표 자료를 구성하는 데 필요한 자료를 도서관 및 인터넷 등을 통해 수집한다.
② 수집한 자료를 발표 내용에 맞게 정리한다.
③ 발표 내용에 적합한 PPT를 준비한다.
④ PPT를 발표하는 데 필요한 요약지를 준비한다.
⑤ 청중들의 질문을 예상해 보고 답변을 준비한다.

◈ **발표를 잘하는 방법**
① 요약지를 읽지 말고 청중의 반응을 보면서 발표한다.
② 비격식체보다는 격식체를 사용하여 발표한다.
③ 청중이 목소리를 잘 들을 수 있도록 속도와 목소리 크기를 조절하며 발표한다.
④ 청중이 이해할 수 있는 수준의 내용으로 발표한다.

발표하기 표현

(1) 도입: 인사 및 발표 주제 소개, 발표 목차 소개

인사	- 안녕하세요? / 안녕하십니까? - 오늘 발표를 맡은 _____ 학과 _____ 학년 _____ 입니다.
주제 소개	- 오늘 제가 발표할 주제는 _____ 입니다. - 저는 _____ (이)라는 주제로 발표를 하게 된 _____ 입니다. - 저는 오늘 _____ 에 대해서 발표하고자 합니다.
발표 목차 소개	- 발표 목차(순서)는 다음과 같습니다. - 첫 번째는 _____ (이)며 다음으로 _____, 마지막으로 _____ 순으로 발표하도록 하겠습니다. - 저는 크게 세 부분으로 나누어서 발표하도록 하겠습니다.

(2) 전개: 청중이 발표 내용을 잘 이해할 수 있도록 발표 전략을 활용하여 설명
(발표 주제와 PPT의 내용에 따라 다양한 설명 방법을 활용하여 발표한다.)

1) 정의하기

- _____ 은/는 _____ 입니다.
- _____ (이)란 _____ 는 것을 말합니다/일컫습니다/뜻합니다/의미합니다.

2) 분류하여 설명하기

- _____ 은/는 _____ 로 분류됩니다/종류가 나뉩니다.

예) 전라도는 전라북도와 전라남도로 나뉩니다.

3) 출처 밝히며 설명하기

- _____ 에 따르면(의하면) _____ (으)로 조사되었습니다/나타났습니다/보입니다.

예) 문화체육관광부에 따르면 무등산 국립공원, 국립아시아문화전당, 양림동 역사문화마을이 광주를
대표하는 관광지로 조사되었습니다.

4) 자료를 제시하며 설명하기

- 이 그래프/표를 보시면 _____ 을/를 알 수 있습니다.
- 이 그래프/표에서 보시다시피 _____ 이/가 _____ 을/를 차지하고 있습니다.
- 이 그래프/표를 보면 _____ 이/가 _____ 에 비해 증가(감소)한 것을 알 수 있습니다.
- 이 내용을 보시면 ~ 다는 면에서 공통점이 있습니다/유사합니다.
- 이 내용을 보시면 ~ 다는 면이 차이가 있습니다/다릅니다.

예) 이 그래프를 보면 무등산 국립공원 여행자 수가 작년에 비해 증가한 것을 알 수 있습니다.

5) 보충 설명하기

- 덧붙여 말씀드리면 _____.
- 조금 더 부연 설명을 드리면 / 구체적으로 설명하면 _____.

예) 덧붙여 말씀드리면 이곳 또한 광주 근현대사를 대표하는 명소들이 많습니다.

6) 예시하기

- 예를 들어/예를 들면/예컨대 _____.
- _____ 등이 그 예입니다.
- _____ 을/를 예로 들 수 있습니다.

예) 5·18 민주공원 및 전일빌딩을 예로 들 수 있습니다.

7) 논거 제시하기

- 왜냐하면 _____기 때문입니다.
- _____는다고 생각하기 때문입니다.

예) 왜냐하면 광주는 한국을 대표하는 문화 도시이기 때문입니다.

8) 비교 · 대조하기

- _____ 와/과 마찬가지로/유사하게
- _____ 은/는 점에서 공통점이 있습니다.
- _____ 와/과는 달리/대조적으로
- _____ 는 데 반해

예) 양림동 역사문화마을은 국립아시아문화전당과 마찬가지로 광주의 과거를 간직하고 있는 곳입니다.

(3) 결론: 발표 내용을 정리하고 청중들의 질문에 응답 후 인사

발표 내용 정리	- 이상의 발표 내용을 정리하면 다음과 같습니다. - 오늘 제가 준비한 내용은 여기까지입니다. - 이상으로 _____ 에 대한 발표를 마치겠습니다. - 지금까지 제 발표를 들어 주셔서 감사합니다.
질의 응답	- 질문이 있으십니까? - 질문이 있으시면 말씀해 주십시오. - 발표 내용에 대해 궁금하신 점이 있으신 분은 자유롭게 해 주시기 바랍니다. - 네. 좋은 질문 감사드립니다. - 좋은 질문이신데요. 제 생각에는 _____ 것 같습니다. - 죄송합니다. 그 질문은 제가 생각해 보지 못했는데 다음 시간까지 준비하겠습니다.
끝인사	- 이상으로 발표를 마치겠습니다. - 경청해 주셔서 감사합니다.

Part

02 발표하기 실제

 ## 발표하기 준비

(1) 주제 정하기

예) 광주의 대표 여행지 소개

(2) 자료 준비 및 개요 작성하기

서론	– 도입, 문화체육관광부에서 조사한 대표 관광지
무등산 국립공원	– 무등산의 의미, 위치 및 특징
국립아시아문화전당	– 국립아시아문화전당 및 주변 명소
양림동 역사문화마을	– 역사문화마을의 위치 및 유명한 이유
결론	– 요약 및 마무리

(3) PPT와 발표 요약지 만들기

– 발표 시간을 고려하여 작성하기

목차
Ⅰ. 서론
Ⅱ. 본론
1. 무등산 국립공원
2. 국립아시아문화전당
3. 양림동 역사문화마을
Ⅲ. 결론

저는 광주의 대표 여행지를 발표하게 된 OOO입니다. 발표 목차는 다음과 같습니다. 문화체육관광부에 따르면 무등산 국립공원, 국립아시아문화전당, 양림동 역사문화마을이 광주를 대표하는 관광지로 조사되었습니다. 저는 먼저 광주의 대표적인 국립공원인 무등산 국립공원을 소개하고 이어서 국립아시아문화전당에 대해 말씀드리겠습니다. 마지막으로 양림동 역사문화마을에 대해 소개해 드리도록 하겠습니다.

1. 무등산 국립공원

- 사계절의 경관이 뚜렷함
- 야생 동물 서식
  : 하늘다람쥐, 수달
- 광주의 대표적인 국립공원

2. 국립아시아문화전당

- 광주 동구에 위치함
- 아시아 문화 중심 도시로
  만들기 위해 설립
- 아시아 문화에 대한 교류와
교육, 연구를 통해 국가의 문화적 역량 강화
- 주변에 유명한 명소가 많음 :
  5·18 민주공원 및 전일빌딩

3. 양림동 역사문화마을

- 광주의 과거를 간직하고
  있는 역사적인 곳
- 한옥과 서양식 건물, 선교
  문화 유적지, 호랑가시나무
등 전통 문화재가 많이 보존되어 있음
- 많은 문화 예술인 배출
- 문화예술사업이 활발히 진행되고 있음

결론

문화와 예술의 도시
광주로 여행을 떠나요!

무등산은 누구나 오르기 편해서 가족 모두가 등산하기에 좋습니다. 봄에는 진달래, 여름에는 참나리, 가을에는 단풍, 겨울에는 설경 등 사계절의 경관이 뚜렷합니다. 또한 멸종 위기에 있는 하늘다람쥐, 수달 등의 야생 동물이 많이 살고 있습니다. 즉 우수한 자연 환경을 자랑하는 광주의 대표적인 국립공원이라고 할 수 있습니다.

다음으로 국립아시아문화전당은 광주 동구에 위치해 있습니다. 광주를 아시아 문화 중심 도시로 만들기 위해 설립되었습니다. 유명한 건축가가 설계한 곳으로서 하늘 마낭, 민주평화교류원, 예술극장 등 각종 문화 예술을 즐길 수 있는 도심 속 대표적인 휴식 공간입니다. 이곳은 아시아 문화에 대한 교류와 교육, 연구 등을 통해 국가의 문화적 역량을 강화하는 역할을 하고 있습니다. 덧붙여 말씀드리면 이곳 주변 또한 광주 근현대사에서 가장 번화한 중심지로서 주요 명소들이 많습니다. 5·18 민주공원 및 전일빌딩 등 역사적인 명소와 가깝습니다.

양림동 역사문화마을은 국립아시아문화전당과 마찬가지로 광주의 과거를 간직하고 있는 역사적인 곳이라고 할 수 있습니다. 양림동은 도심에 있으면서도 숲이 있어서 풍경이 아름답습니다. 이곳은 전통문화와 서양 문화가 결합된 곳이 많습니다. 한옥과 서양식 건물, 선교 문화 유적지, 400년 된 호랑가시나무 등 우리의 전통 문화재가 많이 보존되어 있습니다. 또한 많은 문화 예술인들을 배출하기도 하였습니다. 현재는 문화마을로 불리며 각종 문화예술사업이 활발히 진행되고 있습니다.

지금까지 광주의 대표적인 여행지인 무등산 국립공원, 국립아시아문화전당, 양림동 역사문화마을에 대해 살펴봤습니다. 이곳은 광주의 과거, 현재, 미래를 모두 간직하고 있는 광주의 혼이 담긴 곳이라고 할 수 있습니다. 여러분들도 문화와 예술의 도시, 광주로 여행을 가보는 것은 어떨까요? 이상으로 저의 발표를 마치겠습니다.

발표하기 연습

(1) 주제 정하기

다음의 주제 중 하나를 선택하거나 관심 있는 주제를 하나 정해 보자.

- 미래에 유망한 직업
- 다문화 사회를 살아가는 데 필요한 역량
- 여러분 나라의 대표 여행지 소개
-

(2) 자료 준비 및 개요 작성하기

- 주제 선정 이유 및 목적

- 발표 순서

- 본문 내용

- 결론

(3) PPT와 발표문 만들기

순서	PPT 내용	발표 원고
도입		
전개1		
전개2		
전개3		
마무리		

자기 평가

※ 아래의 평가 항목을 보고 '네', '아니요'에 체크해 보자.

구분	평가 항목	네	아니요
발표 준비	청중의 이해도에 맞는 자료를 준비했는가?		
	발표 요약지 및 발표를 위한 시각 자료를 충분히 준비했는가?		
발표	발표는 정해진 시간에 맞게 진행되었는가?		
	청중이 이해하기에 적합하게 설명했는가?		
	격식체를 사용하여 발표를 했는가?		
	발음, 억양, 목소리의 크기, 속도 등이 적당했는가?		
	청중과의 질의응답은 잘 진행되었는가?		

논증하기

1. 여러분은 다른 사람을 설득하기 위해 써본 적이 있습니까?

2. 논리적으로 글을 쓰려면 어떻게 해야 합니까?

Part 01 논증하기란

논증하기

논증하기는 어떤 논란거리에 대한 자신의 주장을 설득력 있게 전달하기 위하여 합리적인 근거를 마련하고 제시하는 과정 전체를 아우른다. '논란거리가 되는 어떤 사태에 대한 나의 주장 또는 입장'이 '명제', 명제를 정당화하기 위해 '제시된 근거들'이 '논거'가 된다. 또 '주장을 정당화하기 위해 제시된 근거들을 논리적으로 배열하는 것'을 '추론'이라 한다. 따라서 논증하는 글을 쓰기 위해서는 반드시 명제, 논거, 추론이 필요하다.

명제, 논거, 추론

논증하기

| 제기된 문제에 대한 자신의 입장이나 주장 | 확보된 다양한 논거를 배열하기 |

명제 세우기 → 추론하기

논거 수집하기

| 자기 주장의 타당성 뒷받침해주는 자료, 사례 | 귀납적 방법 | 연역적 방법 |

◆ **명제**: '논란거리가 되는 문제'에 대한 자기 판단에 따른 주장이나 입장이다. 입증하거나 반박하고자 하는 것을 정확하게 알아야 효과적인 논증을 이어갈 수 있다. 자기의 입장을 제시할 때는 기준이 명확한 어휘(단어)를 사용해야 한다.

보기 A: 〈일반 문장〉
① 흡연은 흡연하는 당사자의 건강에 해롭다.
② 공공장소에서의 흡연은 그 당사자는 물론이고 근접한 이들의 건강까지 나빠진다.
③ 흡연은 비흡연자의 불쾌감을 유발하여 우리 사회의 정신건강을 해친다.

보기 B: 〈명제〉
공공장소에서의 흡연은 제한하여야 한다.

보기 A의 ①, ②, ③은 표현은 다르지만, 의미의 차원에서 하나의 동일한 사태를 지시하고 있다. 하지만 이들은 명제라고 볼 수 없다. 보기 A에는 자신의 입장이 드러나 있지 않기 때문이다. 명제는 보기 B와 같이 나타내야 한다.

◆ **논거**: 명제를 뒷받침하는 증거로 객관적이고 경험적인 내용이 포함된다. 논거는 무엇보다도 정확하고 믿을 만하며 공정해야 한다. 논거가 되는 자료들은 세부 관계들을 연결해주기도 하고, 자신의 주장을 타인에게 설득하는 도구로 작용한다.

〈논거의 분석 기준〉
– 나의 주장과 부합되는가?
– 자료의 출처는 믿을 만한가?
– 자료가 왜곡되지는 않았는가?

◆ **추론**: 자신의 주장이 타인의 동의를 얻기 위해서는 그것의 정당성 여부를 밝히지 않으면 안 된다. 정당성 여부는 바로 추론의 과정에서 검증된다. 추론은 선별된 논거의 배열 방식으로 논증의 핵심적인 활동이라 할 수 있다. 추론하기, 즉 논거들의 배열은 두 가지 형태, 즉 귀납적 방식과 연역적 방식이 있다.

아래 그림은 개별적인 요소를 통합하여 전체 구성을 설득력 있게 도출하는 도구로 논리적인 글을 쓰기 전 개요 작성에 활용하면 좋다.

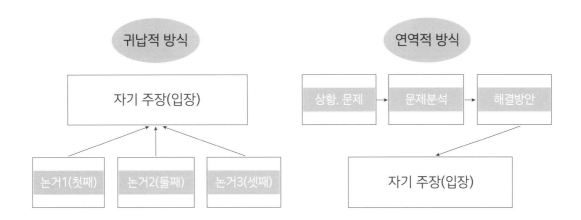

- 귀납적 방식은 자기의 주장(입장)을 뒷받침하는 논거들을 선별하여 동등하게 배열하는 방식으로 대체로 '첫째, 둘째, 셋째' 등과 같은 어휘가 사용된다. 이때 각각의 논거들은 독립되어 있으며 자기의 주장을 뒷받침한다.

명제/결론	우리 대학의 학사 스마트 앱에 대한 학생들의 만족도가 높다.
논거 1	먼저 스마트 앱의 관리를 담당하고 있는 A부서의 대응력이 좋다. 본관에 안내 데스크를 마련하고 1:1 대면 지원을 통해 자세하게 설명해주고 있으며, 학교 안의 모든 공지를 통합 운영 시스템을 구축 이용자의 민원에 실시간 매칭 서비스를 시행하고 있다.
논거 2	다음으로 스마트 앱의 접근성이 좋다. 생체 인증 하나만으로 교내 모든 기관에 접속하여 비대면 정보 이용이 가능하며, AI 챗봇이 대기, 주간 야간 구분없이 24시간 이용 가능하다. 또한 스마트 기기의 운영 체제와 상관없이 학사 프로그램의 접수부터 수강, 이수까지 관리할 수 있다.
논거 3	마지막으로 A부서의 선생님들이 매우 친절하다. 선생님들은 본부에서 진행하는 일주일간의 학습자 응대 교육을 의무적으로 수강했으며, 업무 교체 시 근무자 간 민원 공유 시간을 갖고 해결되지 못한 민원의 이관이 빠짐없이 이루어지도록 하고 있다.

연역적 방식은 다음과 같다. 먼저 문제가 발생한 상황을 요약하여 제시한다. 다음으로 수집된 논거들을 바탕으로 문제점을 꼼꼼하게 분석한다. 해결 방안을 제시하면서 자기의 주장을 펼친다. 이때 '그러므로', '따라서' 등을 사용해서 앞 단락과 뒤 단락을 연결한다.

상황	현재 우리 대학 OOO 미술관을 이용했던 관람객들의 불편 사항이 다량 접수되고 있다. 구체적으로 제 1 전시실 조명 시설에 대한 불만이 가장 많았으며, 관람 동선이 복잡하여 산만하다는 것, 그리고 화장실이 노후되었음이 그 뒤를 이었다.
문제제기	이러한 불만 사항들로 관람객이 지난 분기에 비해 30%감소했다. 또한 전반적인 이용자 만족도도 20% 하락했다. 작품의 판매량이 급속히 감소하면서 그동안 지역 내에서 1위에 손꼽히던 우리 대학 미술관의 브랜드 가치가 떨어지고 있는 것이다.
대안	이에 미술관 학예사들은 관람객이 원하는 미술관의 환경을 분석하였다. 그 결과 조명, 레일 등 전시실의 노후한 설비를 교체해야한다는 것, 작품의 배치와 관람 동선의 개선이 필요하다는 것, 그 외에도 오프라인/온라인 홍보가 체계적으로 이루어져야한다는 것 등이 파악되었다.
명제 / 결론	따라서 우리 대학 OOO 미술관의 브랜드 가치를 이전과 같이 유지하기 위해서는 환경 개선을 서둘러 진행해야 한다.

Part 02 논증하기의 실제

논리적으로 글을 쓰기 위해서는 논란거리에 대해 자신의 주장을 설득력 있게 전달할 수 있는 합리적인 근거를 마련하고 제시하여야 한다. 문제를 명료하게 제기하고 문제의 원인을 분석하여 객관적으로 기술해야 한다. 또한 구체적이고 실제적인 해결 방안이 포함되어야 한다.

 글의 구성 전략: 3단 구성

서론	명료한 문제 제기
	• 주제에 대한 명료한 문제를 제기하는 문장을 제시한다.
	– _____ 은/는 _____ 이다.
	• 글의 주제와 관련된 개념을 정의하면서 글을 시작할 수 있다.
	– _____ (이)란 _____ (이)라는 의미이다.
	– _____ (이)란 _____ 을/를 의미한다.
	– _____ (이)라는 주장이 있다.
	• 주제와 관련된 사회 현상이나 자신의 경험으로 글을 시작할 수 있다.
	– 누구나 한 번쯤 _____ 경험이 있을 것이다.
	– 한 조사에 따르면 _____ 것으로 나타났다.

본론	객관적 문제 기술, 원인 및 문제점 분석 • 자신의 주장에 대한 근거나 예시를 제시한다. 　- 첫째, 둘째, 셋째 　　먼저/우선/무엇보다 　- 다음으로/마지막으로 • 문제점의 원인과 결과를 제시한다. 　- 그래서, 그러므로, 따라서 　- 이는 _____ (으)로 인해 생긴 결과이다. 　- 왜냐하면 _____ 기 때문이다. • 주장에 대한 근거를 덧붙여 설명한다. 　- 즉/다시 말하면, 특히
결론	구체적이고 실제적인 해결 방안 제시 • 문제 해결을 위한 방안을 제시한다. • 앞으로의 과제와 전망 등을 제시한다. • 본론의 내용을 요약하고 결론을 제시한다. 　- 앞서 언급한 바와 같이 _____. 　- _____ (이)라는 말처럼 _____.

☑ 다음 글에 사용된 논증하는 글의 구성 전략을 찾아보자.

주제: 인공 지능의 발달과 미래의 노동 시장

(1) 서론: 명료한 문제 제기

인공 지능은 인간의 지능이 가지는 학습, 추리, 적응, 논증 등의 기능을 갖춘 컴퓨터 시스템이다. 인공 지능의 발달은 우리의 삶과 경제 활동에 혁명적인 변화를 가져오고 있다. 생산성을 향상시키고 비용을 절감해 주며 혁신적인 서비스를 제공한다. 그러나 인간이 수행했던 작업을 인공 지능이 수행하면서 노동 시장의 문제가 발생하고 있다.

(2) 본론: 객관적 문제 기술, 원인 및 문제점 분석

인공 지능은 제조업뿐만 아니라 금융, 판매, 고객 서비스에서도 다양하게 활용되고 있다. 의료 및 법률 분야에서도 일부 업무는 자동화될 것으로 예상된다. 2023년 세계경제포럼(WEF)에서 발표한 '일자리의 미래' 보고서에는 2027년까지 총 6,900만 개의 일자리가 창출되지만 8,300만 개의 일자리가 인공 지능으로 대체될 것으로 전망했다.

이처럼 빠르게 진행되고 있는 인공 지능의 노동 시장 대체는 심각한 사회 문제를 초래할 수 있다. 첫째, 인공 지능은 입력된 데이터 값으로만 결과를 산출하기 때문에 세상은 고유성을 상실하고 인간은 기호화된다. 둘째, 인공 지능이 인간의 일을 대신하면서 윤리적인 문제도 발생할 수 있다.

(3) 결론: 문제 해결 방안 제시

앞서 언급한 바와 같이 인공 지능의 발달은 미래의 노동 시장에 걱정과 위협이 되고 있으나 도전과 기회를 제공할 것이다. 고용 불안정성과 기술 도전에 대비하면서 앞으로 미래 사회를 살아가기 위해서 필요한 새로운 역량을 지속적으로 개발하고 함양해야 한다.

(1) 우리 주변에서 일어나는 문제를 분석하고 해결 방안을 메모해 보자.

〈주제〉
· 지구 온난화 문제와 해결 방안
· 게임 중독 문제와 해결 방안

문제 제기

문제점 분석

해결 방안

(2) 위의 메모를 바탕으로 짧은 글을 써 보자.

학술적 글쓰기

1. 보고서를 작성한 경험이 있습니까? 어떤 점이 어려웠습니까?

2. 보고서를 잘 작성하려면 어떤 것을 알아야 합니까?

Part 01 보고서의 형식

 보고서 형식

보고서란 대학생들이 전공 및 교양 수업에서 자신이 학습한 내용을 체계적으로 정리하여 나타낸 글이다. 보고서는 내용뿐 아니라 형식도 매우 중요하다. 우선 형식에 대해서 알아보자.

보고서의 표지에는 '글의 제목'을 문서의 위쪽에 쓰고, '과목명, 담당 교수, 학번, 이름'을 문서의 아래쪽에 쓴다. 표지 다음으로 보고서의 첫 페이지에는 '글의 제목, 목차'를 쓴다. 목차는 보고서 전체 내용의 체계를 독자에게 안내하는 목적을 지닌다.

1. 보고서 표지 형식	2. 목차(차례) 형식
제목	제목
과목명 :	- 목차 -
담당 교수:	Ⅰ. 서론
학과:	Ⅱ. 본론
학번:	1.
이름:	2.
제출일:	Ⅲ. 결론
	Ⅳ. 참고 문헌

목차를 제시한 후 보고서 본문의 내용은 서론, 본론, 결론의 순서로 제시한다. 보고서의 가장 마지막 페이지에는 보고서를 작성하는 데 참고한 자료, 즉 참고 문헌의 목록을 넣어야 한다.

3. 보고서 본문 형식	4. 참고 문헌 형식
Ⅰ. 서론	Ⅳ. 참고 문헌
	1. 단행본
Ⅱ. 본론	
1.	2. 논문
2.	3. 신문기사
Ⅲ. 결론	4. 인터넷 자료

활동 한국의 신화를 활용한 한국어 교육 방안 연구(제목),
한국 문학과 한국어교육 (과목), 김철수(담당 교수)

위의 사항을 반영하여 보고서의 표지를 만들어 보자.

인용의 형식

　보고서를 작성할 때 자신의 생각만으로 내용을 구성해서는 안 된다. 자신의 생각이나 주장이 설득력을 갖출 수 있도록 전문가의 글이나 자료를 인용하여 뒷받침해야 한다. 이때 반드시 인용한 내용의 출처를 정확히 밝혀야 한다. 출처를 밝히지 않은 채 남의 글을 인용할 경우 표절이 될 수 있으며 이는 범죄 행위와 같다. 보고서를 작성할 때 꼭 알아야 할 글쓰기 규범인 인용하기와 주석 달기에 대해 살펴보자.

(1) 인용하기

1) 직접 인용

　남의 말이나 글, 생각 따위를 원문 그대로 가져와 쓰는 것을 직접 인용이라고 한다. 문장 속에서 직접 인용하는 경우 인용절은 " "(큰따옴표)로 표시한다.

직접 인용절 표시	예문
" "	하인리히 하이네는 "말이 가진 힘이란, 죽은 이를 무덤에서 불러낼 수도 있고 산 자를 땅에 묻을 수도 있다. 소인을 거인으로 만들 수도 있고 거인을 완전히 망가뜨려 없애 버릴 수도 있다"라고 말했다. 이처럼 말이 가진 위력은 엄청나다.

◆ **직접 인용할 때 자주 쓰는 표현과 예시**

▷ (『인용할 책이나 자료 이름』)에는 " "라는 말이 나온다.

예)『논어, 자장(子張)편』에는 "군자의 허물은 마치 해와 달이 일식이나 월식을 일으키는 것과 같아서 누구나 다 보게 마련이나 그것을 고친다면 사람들은 모두 그 용기를 우러러본다."라는 자공의 말이 나온다.

2) 간접 인용

남의 말이나 글, 생각 따위를 자신의 언어로 바꾸어 쓰는 것을 간접 인용이라고 한다. 이때 남의 글이나 생각을 왜곡해서는 안 된다.

예문
1929년 갓 부임한 로버트 허친스(Robert M.Hutchins)총장은 삼류 대학에 지나지 않는 시카고대학을 바꾸기 위해서 앞으로 학생들이 최소 100권 이상의 인문 고전을 읽어야 졸업시키겠다고 발표한 바 있다.

◈ 간접 인용할 때 자주 쓰는 표현과 예시

▷ ~에 따르면/의하면, ~다고 한다.

예) 미국 케이스웨스턴리저브 의과대학의 마리아 파가노 박사 연구팀에 따르면 알코올 중독자의 치료 확률은 평균 22%이지만 알코올 중독자가 봉사 활동을 병행할 경우 치료 확률은 40%로 향상된다고 한다.

📝 다음 제시된 내용을 한 문장으로 요약하여 간접 인용의 형식으로 바꿔 써 보자.

① 이달 25일부터 전신 마취 등으로 환자의 의식이 없는 상태에서 수술을 하는 의료 기관은 수술실 내에 CCTV를 설치해야 한다. 환자·보호자가 요청하는 경우 수술 장면을 촬영해야 하고, 정당한 이유 없이 거부하면 병원은 500만 원의 벌금을 내야 한다. 환자의 의식이 없는 상태에서 수술을 하는 경우 수술 장면을 촬영해야 한다고 한다.

『서울경제』(2023.09.25.)

2023년 9월 25일자 『서울경제』에 따르면 환자의 의식이 없는 상태에서 수술을 하는 경우 수술 장면을 촬영해야 한다고 한다. _____

_____

_____

_____

② 독서가 두뇌 발달에 깊은 영향을 미친다는 것은 그동안 수많은 연구를 통해 입증된 바 있다. 일본 도호쿠대학의 가와시마 류타 교수를 비롯해 대다수 뇌 과학자들은 "책을 많이 읽으면 상상력을 키우는 우수한 전두전야가 많이 만들어진다"라고 말한다. "전두전야"란 대뇌의 맨 앞부분으로 인간의 창조성을 주관하는 곳으로 알려져 있다.

삼성경제연구소, 『삼매경』

삼성경제연구소의 『삼매경』에 의하면 _____

_____

_____

_____

_____

(2) 각주달기

나의 생각을 설득력 있게 전달하기 위해 뒷받침할 근거로 남의 글을 인용했을 때에는 반드시 인용한 문헌의 출처를 보고서에서 밝혀야 한다. 이때 주로 각주를 다는 방식을 취하는데, 각주는 크게 외각주와 내각주로 나뉜다. 본문에 단 각주의 자세한 출처 정보는 반드시 보고서의 참고문헌 목록에도 포함시켜야 한다.

1) 외각주

외각주는 인용한 문헌 정보를 본문 하단에 밝히는 방식이다. 인용한 내용 끝부분에 각주를 넣으면 해당 페이지 하단에 각주 입력창이 생기게 되는데 입력창에 해당 내용의 출처를 작성한다(한글인 경우 메뉴에서 '입력-주석-각주'를 선택). 단행본일 경우에는 '저자명(출판연도), 『책 제목』, 출판사명, 인용면'의 순서로 출처를 밝힌다. 번역서일 경우에는 저자명과 번역자명을 함께 써 준다.

김정희는 자신의 저서 『스토리텔링이란 무엇인가』에서 인간이 이야기를 좋아하는 이유는 이야기가 인간의 근원적인 욕망이기 때문[1]이라고 말한다.

1) 김정희, 『스토리텔링이란 무엇인가』, 커뮤니케이션북스, 2014, 5쪽.

2) 내각주

내각주는 본문 안에서 출처를 밝히는 방식으로, 인용한 내용 바로 뒤에 괄호를 넣어 간단한 출처 정보만을 밝힌다. 괄호 안의 출처 정보는 주로 '저자명, 출판 연도, 인용면'으로 구성한다.

감각어는 우리의 일상생활에서 신체적 경험을 수용 및 표출하는 창구의 역할을 한다(임지룡, 2017:336).

임지룡(2017)은 감각어가 우리의 일상생활에서 신체적 경험을 수용 및 표출하는 창구 역할을 한다고 하였다.

(3) 참고 문헌 정리하기

참고 문헌의 목록은 보고서의 결론을 작성한 다음 보고서의 가장 마지막 부분에 밝힌다. 아래의 예시를 참고하여 작성하도록 한다. 참고 문헌은 크게 두 가지로 나누어 정리한다. 연구의 대상이 되는 자료는 '기본 자료'로 분류하고, 연구를 하는 데 있어서 참고한 자료는 '논문 및 단행본'으로 분류하여 정리한다. 참고 문헌의 서지 사항은 단행본의 경우 저자명, 책 제목, 출판사명, 출판 연도의 순서로 기재하고, 학술 논문일 경우 저자명, 논문 제목, 발행지, 발행처, 출판 연도의 순서로 기재한다. 이때 참고 문헌 목록의 순서는 저자명을 가나다 순으로 정리한다.

참고 문헌 목록의 형식

1. 단행본

   저자명, 『책 제목』, 출판사, 출판 연도.

   예: 홍길동, 『사고와 표현』, 박영사, 2023.

2. 소논문

   저자명, 논문 제목, 발행지, 권수(호수), 발행처, 발행 연도, 전체면.

   예: 홍길동, 외국인 학생을 위한 사고와 표현에 관한 연구, 고소설연구1(2), 고소설학회, 2023, 12-35쪽.

3. 학위 논문

   저자명, 논문 제목, 학위 수여 기관명, 학위명, 논문 발표 연도.

   예: 홍길동, 외국인 학생을 위한 사고와 표현에 관한 연구, 한국대학교 대학원 박사학위논문, 2023.

4. 신문 기사

   기자명, "기사 제목", 『OO신문』, 발행 일자, 발행면.

   예: 홍길동, "외국인이 가장 선호하는 한국 문화", 『한국신문』, 2023.08.10., 3면.

5. 인터넷 자료

   자료 제목, 사이트 주소(URL주소), 검색한 날짜.

   예: 주간 문화큐레이션…홈캉스에 어울리는 문화생활 소개,

   https://www.sisunnews.co.kr/news/articleView.html?idxno=188149, 2023.8.10.

보고서의 내용

보고서의 내용은 체계적으로 조직되어야 한다. 보고서는 서론, 본론, 결론으로 구성된다. 서론은 주제, 주제의 배경, 목적, 글의 방향을 소개하는 도입 부분이고 본론은 보고서의 주된 내용을 담고 있는 부분이며, 결론은 전체 내용을 요약하고 정리하는 부분이다.

구성	내용 요소
서론	주제, 연구의 필요성과 목적, 논의의 대상과 범위, 선행연구
본론	주제에 대해 조사하고 분석한 내용과 그 결과
결론	전체 내용 요약, 연구의 의의, 성찰 및 전망

☑ 다음 제시된 글의 '서론'에는 어떠한 내용들이 담겨 있는지 이야기해 보자.

㉮ 우연히 SNS상에서 장애인 거주 시설에 대한 강연을 본 적이 있다. 강연자는 "여러분에게 장애인 친구가 있나요?", "장애인은 왜 우리 주변에 보이지 않을까요?"라는 질문으로 강연을 시작하였다. 그러고 보니 주변에서 장애인을 찾아보기 힘들다. 2016년 기준 우리나라에 등록된 장애인 수는 약 251만 명이다. 우리나라 인구의 약 5%에 해당하는 수치지만 우리의 일상 속에서 장애인 특히 중증 장애인을 만나기는 쉽지 않다. 그 이유는 '시설'에 있다. 2014년 기준 시설 장애인은 무려 8만 명이고, 전국에 설치된 장애인 거주시설은 총 669개이다. 장애인 거주 시설은 '복지 시설'로 인식되기 쉽지만 사실상 격리에 가깝고, 시설에서 장애인들의 인권은 우리가 상상할 수 없을 만큼 침해된다. 이 글에서는 이러한 문제에 대한 인식과 해결에 한 발자국 다가가기 위해 장애인 거주 시설의 현실을 파악하고 우리가 나아가야 할 방향에 대해 모색하고자 한다.

㉯ 최근 세계적으로 섬 공간이 가진 가치가 새롭게 부상하고 있으며 변화하는 시대 여건에 부합하는 새로운 섬 정책을 준비하는 것이 매우 중요한 시점이다. 망망대해에 해상 도시 및 해저 공간을 개발하는 것은 어렵고 연안이나 기존의 자연적으로 형성된 섬을 활용하여 개발을 추진하는 것이 기술적·경제적 측면에서 유리하다. 그렇기 때문에 해양 공간 활용성을 증대하기 위해 기반이 되는 섬 공간의 가치에 대해 새롭게 재평가 받아야 한다. 향후 우리나라 해양 공간의 미래 활용 가치를 높이고 미래 해양 공간 활용 시대에 대비하기 위해 섬 주변 해저 지형을 조사하고 지역산업과 연계하여 해양 공간 신산업 육성에 필요한 연구 개발에 역량을 집중해야 한다. 본 연구에서는 섬을 기반으로 한 해양 공간의 입체적 활용을 도모하기 위해 섬의 장점과 활용 가능성을 모색하고 최근 추진 중인 사업 동향을 분석하여 산업과 연계할 수 있는 방안을 제시하고자 한다.

채동렬·정원조, 『기후 위기 대응을 위한 해양 공간 활용 기술 개발 동향』

가	
나	

✍ 다음 제시된 글의 '결론'에는 어떠한 내용들이 담겨 있는지 이야기해 보자.

㉮ 장애인 생활시설에서 인권침해 문제가 있음이 꾸준히 보도되었는데도 성찰의 움직임 없이 2009년부터 현재까지 장애인 거주 시설은 계속 늘어나고 있다. 황당하지 않을 수 없다. 그 누구도 사회에서 '격리'된 채 보호받아야 하는 사람은 없다. 스웨덴에서는 1999년 발 빠르게 모든 시설을 폐쇄했다. 우리도 더 이상 현실을 외면해서는 안 된다. 현재 우리나라에서도 '탈시설 지원법 제정안'을 공개하는 등 장애인 인권 개선에 관심을 기울이고 있다. 지금이 바로 장애인 시설 문제가 수면 위로 완전히 떠오를 수 있도록 우리가 힘을 실어줄 때이다.

㉯ 앞에서 살펴본 바와 같이 해양 공간을 활용하기 위한 인간의 노력은 해상 도시를 건설하고 바다 속에서 농작물을 재배할 수 있는 수준에까지 도달했다. 해상 도시는 해수면 상승이라는 재난에 대응하기 위한 대안으로 추진되고 있으나 향후에는 친수 공간이라는 환경적 특성과 저밀도·친환경적인 주거를 제공한다는 점에서 수요가 많이 증가할 것으로 예상된다. (…중략…) 우리나라는 섬이 많을 뿐만 아니라 해안선을 따라 형성된 공단에서 조선해양플랜트산업과 기계·장비산업이 발달해 있어 미래 해양 공간 건축산업을 육성하기에 가장 적합한 지역이다. 이러한 시대를 대비해 해양 공간 건축에 관한 기술과 경험을 축적하고 고유한 구조물 모듈을 개발하는 데 노력을 집중할 필요가 있다. (…중략…)

채동렬·정원조, 『기후 위기 대응을 위한 해양 공간 활용 기술 개발 동향』

가	
나	

활동 | 본론

☑ 다음 제시된 목차에서 2장과 3장은 '본론'에 해당한다. 2장과 3장의 관계를 이야기해 보자.

우리나라 해양 공간 활용 연구	청소년 마약 문제와 해결 방안
Ⅰ. 서론	
Ⅱ. 해양 공간의 공간적 가치	Ⅰ. 서론
Ⅲ. 해양 공간 활용 사례	Ⅱ. 청소년 마약 중독의 실태
1. 해상 공간 활용 사례	Ⅲ. 청소년 마약 중독자의 심리 분석 및 해결책
2. 해저 공간 활용 사례	Ⅳ. 결론
Ⅳ. 결론	Ⅴ. 참고 문헌
Ⅴ. 참고 문헌	

보고서에서 자주 쓰는 표현

(1) 서론

• 이 보고서의 주제는 ―이다.

• 이 보고서의 목적은 ―을/를 살펴보는/알아보는 데에 있다.

• 이 보고서에서는 ―을/를 대상으로 한다.

• 이 보고서(본고)에서 필자는 ―을/를 하고자 한다.

 * 보고서에서는 '나', '저'와 같은 인칭은 쓰지 않는다.

(2) 본론

• 2장에서는 ―에 대해서 설명하고자 한다.

• 앞 장에서는 ―에 대해서 살펴보았다. 이어서 3장에서는 ―에 대해 설명하겠다.

 *문맥에 맞게 '그리고, 그러나, 그러므로, 그로 인해, 따라서, 그러다 보니, 그렇기 때문에, 그렇다면, 이렇게, 이처럼, 또한, 예컨대 등'과 같은 표현을 적재적소에 사용하는 것도 중요하다.

(3) 결론

• 지금까지/이상으로 ―에 대해 살펴보았다/알아보았다.

• 위에서 살펴본 내용을 짧게 요약 정리하면 다음과 같다.

• 앞으로 ―에 대한 연구/조사가 더 필요하다고 본다.

• 그러므로 앞으로 ―아/어야 한다/할 것이다.

✐ 보고서를 작성하기 위한 개요문을 써 보자. 주어진 항목에 해당하는 내용을 문장으로 작성해 보자.

개요문

• 보고서의 주제 :

• 보고서의 목적 :

• 보고서의 제목 :

• 서론 :

• 본론 :

• 결론 :

보고서 수정하기

보고서의 초고를 작성하였다면, 이를 대상으로 스스로 점검해 보자. 다음 체크 리스트를 보고 글이 어떤 문제를 갖고 있는지 확인해보자.

체크 리스트			
항목	**세부 사항**	**네**	**아니요**
구성	서론, 본론, 결론의 형식을 갖추었는가?		
	서론, 본론, 결론이 각각 제 역할을 하고 있는가?		
주제	주제가 하나인가?		
	주제의 범위가 적절한가?		
내용	글의 내용이 하나의 주제를 향하고 있는가?		
	글의 내용이 부족하거나 중복되지 않았는가?		
표현	글의 내용이 보고서에 맞는 문장으로 표현되었는가?		
	맞춤법과 띄어쓰기를 제대로 지키고 있는가?		
자료	적절한 자료를 참고하였는가?		
	인용을 한 후 출처를 명확하게 밝혔는가?		

저자 소개

강현주
고려대학교 국어국문학과 박사
호남대학교 글로벌한국어교육학과 교수

강소영
한국외국어대학교 국어국문학과 박사
광주여자대학교 한국어교육학과 교수

임태운
전남대학교 국어국문학과 박사
남부대학교 한국어학과 교수

김윤희
고려대학교 국어국문학과 박사
광주대학교 한국어교육과 교수

공하림
고려대학교 국어국문학과 박사
광주대학교 한국어교육과 교수

박일우
국민대학교 국어국문학과 박사
광주대학교 기초교양학부 교수

김신정
서강대학교 국어국문학과 박사
호남대학교 교양학부 교수

손경애

중앙대학교 국어국문학과 박사

호남대학교 글로벌한국어교육학과 교수

권문화

경희대학교 국어국문학과 박사

호남대학교 글로벌한국어교육학과 교수

유학생을 위한 글쓰기와 말하기

초판발행	2024년 2월 29일
지은이	강현주·강소영·임태운·김윤희·공하림 박일우·김신정·손경애·권문화
펴낸이	안종만·안상준
편 집	소다인
기획/마케팅	박부하
표지디자인	Ben Story
제 작	고철민·조영환
펴낸곳	(주) **박영사** 서울특별시 금천구 가산디지털2로 53, 210호(가산동, 한라시그마밸리) 등록 1959.3.11. 제300-1959-1호.(倫)
전 화	02)733-6771
f a x	02)736-4818
e-mail	pys@pybook.co.kr
homepage	www.pybook.co.kr
ISBN	979-11-303-1948-3 03710

정 가	15,000원